CÓMO TENER ÉXITO EN EL MARKETING DE AFILIADOS

Descargo

Este libro electrónico ha sido escrito únicamente con fines informativos. Se ha hecho todo lo posible para que este libro electrónico sea lo más completo y preciso posible. Sin embargo, puede haber errores tipográficos o de contenido. Además, este libro electrónico proporciona información sólo hasta la fecha de publicación. Por lo tanto, este libro electrónico debe usarse como una guía, no como la fuente definitiva. El propósito de este eBook es educar. El autor y el editor no garantizan que la información contenida en este libro electrónico esté completamente completa y no serán responsables de ningún error u omisión. El autor y el editor no tendrán ninguna responsabilidad ante ninguna persona o entidad con respecto a cualquier pérdida o daño causado o presuntamente causado directa o indirectamente por este libro electrónico.

TABLA DE CONTENIDOS

INTRODUCCIÓN

El marketing de afiliación es una de las formas más efectivas para que cualquier persona gane dinero en línea. Este es un método rápido y pasivo para ganar dinero que es altamente escalable y fácil de configurar. No se requiere habilidad técnica, y si elige los productos correctos y se conecta con el mercado correcto, puede ganar cientos o incluso miles de dólares en un corto espacio de tiempo. Pero retrocedamos por un momento. Primero: ¿qué es exactamente el marketing de afiliación? ¿Como funciona? ¿Y qué lo hace mucho más efectivo que otras estrategias para hacer dinero para los empresarios de Internet? Esencialmente, el marketing de afiliación significa vender un producto que no es tuyo a cambio de una comisión. Luego, puede ganar dinero por cada venta que realice, lo que significa que todo lo que necesita hacer es conectar ese producto con una audiencia que lo apreciará. Al vender productos de afiliados como libros electrónicos, a menudo encontrará que puede quedarse con el 70% o más de las ganancias. Elija el producto adecuado y podrá ganar tanto dinero como alguien que haya creado un producto por sí mismo. En este libro, aprenderá los beneficios del marketing de afiliación, así como también cómo comenzar de manera rápida y eficiente para comenzar a ganar dinero. Con una selección inteligente de productos, una audiencia preparada y un poco de buena fortuna, esto realmente podría cambiar su vida. Para aquellos que ya están vendiendo productos de afiliados, este libro debería servir para brindarles las habilidades adicionales y los consejos que necesitan para llevar su negocio al siguiente nivel. Esto incluye las herramientas que utilizan las mejores marcas para vender ENORMES artículos como cursos de MBA y computadoras portátiles potentes de más de $ 5,000.

CAPÍTULO 1: POR QUÉ EL MARKETING DE AFILIACIÓN ES LA MEJOR MANERA DE GANAR DINERO PARA PRINCIPIANTES

El marketing de afiliación es un concepto que alude a muchas personas. ¿Cómo puedes ganar dinero vendiendo algo que no hiciste? ¿Cómo puede ser realmente tan simple ganar dinero en línea? La forma más sencilla de explicarlo es que se trata esencialmente de ventas. Usted actúa como vendedor y gana una comisión por cualquier venta que realice. De esa manera, usted es como los vendedores de puerta en puerta que vienen a venderle banda ancha. La diferencia es que no vas de puerta en puerta. Internet es tu puerta y esta es una puerta que te da acceso a todos en el planeta. Eso le da una gran ventaja de inmediato, y especialmente cuando aprende cómo puede hacer que los visitantes vengan a usted. La otra diferencia aquí es que el esquema de comisiones va a ser muy diferente. Los vendedores regulares normalmente obtendrán una pequeña parte de lo que vendan: quizás 5-10%. Como se mencionó, la diferencia con el marketing de afiliación es que obtendrá hasta el 70-80% de los ingresos. Así es: ¡a menudo, como vendedor afiliado, en realidad vas a ganar más que el creador del producto! Esto es lo que hace que el marketing de afiliados sea tan atractivo: porque significa que puedes empezar a ganar como si estuvieras vendiendo tu propio producto, pero sin tener que invertir mucho dinero para crear algo desde cero. Lo que es más, es que debido a que venderá un producto que ya está disponible, puede elegir algo que ya se vende en grandes cantidades. Cuando creas tu propio producto para vender, siempre existe un pequeño riesgo de que construyas algo que nadie quiere. Cuando simplemente comercializas algo que es muy popular, ¡es mucho menos probable! Otro gran beneficio del marketing de afiliación es cuán escalable es. Si crea una sola página web que vende los méritos de un producto afiliado, puede comenzar a beneficiarse de él en cuestión de horas. En ese caso entonces, ¿qué es lo que te impide hacer otra página para vender otro producto? ¿Y otra página para vender otro producto?

Cómo funciona el marketing de afiliación

Entonces, seamos un poco más técnicos, ¿de acuerdo? ¿Cómo funciona exactamente el marketing de afiliación y por qué un creador estaría feliz de regalar tanto de sus propios beneficios? Primero, consideremos el tipo de contenido que vas a vender. Para muchos especialistas en marketing, los productos de afiliados serán productos digitales. Hay muchas más opciones, que exploraremos en este libro más adelante. Pero por ahora, eso es en lo que nos enfocaremos. Eso significa cosas como libros electrónicos, cursos en línea y presentaciones. Los productos digitales son inmediatamente una buena opción para la venta en línea porque no tienen gastos generales ni 'COG' (este es un término comercial que significa 'Costo de los bienes vendidos'. Eso significa que el creador no tiene que pagar nada por cada venta y, en cambio, pueden obtener ganancias y compartir esas ganancias. También significa que nunca tuvieron que invertir grandes cantidades de dinero por adelantado y tampoco tienen que manejar la entrega. Por lo tanto, es probable que el creador haya creado este producto digital usando Word o una cámara, o tal vez le subcontrataron la creación a otra persona. De cualquier manera, habrán creado este libro electrónico o curso con la intención de venderlo con fines de lucro. Entonces, el creador probablemente habrá comenzado a vender dicho producto desde su sitio web o desde un sitio web aleatorio.

página en línea. Intentarán atraer la mayor cantidad de tráfico posible a su sitio web para alentar a las personas a comprarles y, por lo tanto, tendrán su propio flujo de ingresos pasivos. Pero solo hay tanta promoción que una persona puede n hacer y, finalmente, su pozo se secará. Es entonces cuando un creador puede comenzar a buscar afiliados con los que trabajar para ayudarlos a promocionar sus productos. Por lo tanto, el creador del producto está dispuesto a ofrecer a afiliados como nosotros un 70 % o más porque quieren incentivarnos a vender sus productos. También quieren animarnos a vender sus productos en lugar de los productos para los que otros creadores ofrecen programas de afiliados. Si bien el creador ahora solo obtendrá un 30 % de sus ventas, esto sigue siendo un 30 % más de lo que habría obtenido de otra manera, porque no habría salido. Y si ese vendedor puede atraer a miles de personas a sus libros con una legión de especialistas en marketing en línea, obtendrá ganancias gigantescas y mucho más de lo que podría por su cuenta. En resumen, esta es una situación de ganar/ganar. El creador obtiene mil ventas más al alentar a los especialistas en marketing a trabajar con ellos y ¡los afiliados pueden vender un producto como si fuera propio y quedarse con la mayor parte de las ganancias! Pueden ganar tanto dinero como lo harían con su propio libro electrónico o curso, pero sin tener que desarrollar uno y correr ese gran riesgo. Específicamente, la forma en que realmente funciona este proceso es a través del uso de "enlaces de afiliados" que a su vez funcionan a través de cookies. Cuando encuentre un producto afiliado que desee promocionar, se le proporcionará un enlace de afiliado y esto es lo que debe incluir en su página de ventas y en las publicaciones de su blog. Cuando un comprador hace clic en su enlace de afiliado, primero será redirigido a otra página en la web. Aquí, se almacenará una cookie en su computadora que los identificará como provenientes de usted. Ahora, cuando compren algo en esa tienda, se registrará como 'uno de los tuyos' y la comisión se agregará a tu total para que la retires en algún momento en el futuro. Para ti es simple: promociona el producto y proporciona el enlace. ¡Eso es todo al respecto!

CAPÍTULO 2: CÓMO ENCONTRAR Y VENDER PRODUCTOS DE AFILIADOS

De acuerdo, basta de charla hipotética... ¿cómo se empieza realmente y se convierte en afiliado de marketing? Bueno, primero vas a necesitar un producto. Para obtener esto, deberá dirigirse a un sitio web como Clickbank o Commission Junction. Otro bueno es JVZoo. Aquí podrá ver una gran selección de diferentes productos que tienen programas de afiliados. Simplemente desplácese y busque los que le interesen. Descubrirá que puede ver información sobre los diferentes productos, así que intente buscar cosas que se vendan a un precio decente y ofrezcan una buena comisión. Algunos sitios le permitirán ver un número aproximado de ventas, en cuyo caso, por supuesto, querrá buscar los artículos que se están vendiendo bien. Una vez que haya identificado el producto que desea promocionar, debe comunicarse con el propietario. Si tiene éxito, le proporcionarán su enlace y podrá usarlo como desee. Sin embargo, algo más a tener en cuenta aquí es que muchos productos de afiliados incluirán materiales de marketing junto con ellos. Recuerda: si lo estás haciendo bien, eso significa que el creador lo está haciendo bien. Tienen todas las razones para querer verte triunfar y, como tal, te proporcionarán cosas como correos electrónicos, una página de ventas, anuncios publicitarios y otros materiales en muchos casos. Si eres alguien completamente nuevo en el mundo del marketing, te recomiendo que elijas un producto que ofrezca este tipo de bonificaciones. De esta manera, puede ponerse en marcha casi instantáneamente simplemente copiando y pegando los materiales que tiene. Entonces deberías verte vendiendo en los mismos números: es el mismo producto y la misma perorata de marketing... así que no hay razón para que no funcione igual de bien. Como dije antes: este es literalmente un modelo de negocio de 'copiar y pegar'. Alguien más ya tiene el producto que se vende bien con un sistema establecido, todo lo que está haciendo es copiar el mismo sistema pero asegurándose de que sea su cuenta bancaria la que recibirá los ingresos.

Venta de productos y servicios físicos

Si bien la venta de libros electrónicos a través de plataformas como JVZoo es una excelente manera de garantizar que puede obtener el máximo beneficio, también tiene sus limitaciones. A pesar de lo que otros especialistas en marketing puedan decirle, el tipo de producto en línea más popular sigue siendo la variedad física. Y esto tiene sentido si realmente lo piensas. ¿Cuántas personas conoces que compran productos físicos? Prácticamente todos, ¿verdad? Pero entonces, ¿cuántas personas conoces que comprarían un libro electrónico? Es posible que su abuela no (a menos que sea a través de Kindle) porque no sabe cómo usar un archivo PDF. Del mismo modo, a tu amigo al que no le gusta leer, ¡probablemente tampoco le guste! Y eso básicamente te deja con una porción mucho más pequeña del mercado. Entonces, ¿cómo hacemos para vender productos físicos como comercializador afiliado? La opción más popular es convertirse en un Asociado de Amazon. El esquema de asociados de

Amazon es su versión de un programa de afiliados y es una opción muy tentadora para muchos vendedores. Si busca información sobre marketing de afiliados, probablemente encontrará que la gran mayoría se centra en la venta de productos digitales a través de JVZoo, ClickBank y Commission Junction. En Amazon, las cosas son diferentes. Amazon ya está dividiendo las ganancias con el fabricante, tienen que pagar el almacenamiento, el envío y el franqueo y, en general, no pueden permitirse ofrecerle más del 4% o quizás el 8% de una sola vez. Esto significa que tendrá que vender muchos más artículos a precios mucho más altos para obtener una ganancia adecuada. ¿Pero eso significa que debe descartar a Amazon Associates? De nada. Para empezar, vender productos físicos suele ser mucho más rentable que vender productos digitales. Piénsalo: ¿es más probable que gastes mucho dinero en algo que puedas sostener en tus manos y mostrar a tus amigos, o algo que tengas que leer en la pantalla de una computadora? Mejor aún, Amazon es una marca reconocida y una empresa en la que la gente confía. Eso significa que es mucho más probable que les compren, ¡y pueden comprar con un solo clic! Amazon tiene una lista enorme de productos que puede vender y eso significa que habrá algo relevante para casi todos los artículos. Y finalmente, si alguien hace clic en su URL pero termina comprando algo más de Amazon... ¡todavía le pagan! Esto puede resultar potencialmente en una gran cantidad de ganancias si alguien, por ejemplo, comprara una computadora nueva y usted obtuviera el 8% de eso. Incluso si no promocionaste el producto directamente, siempre que enviaras al comprador a Amazon en primer lugar, ganarías esa comisión. Entonces, ¿lo mejor que se puede hacer? ¡Use ambos tipos de marketing de afiliación! ¡Pero no dejes a Amazon fuera de la ecuación o te lo perderás! En capítulos futuros, descubrirá cómo promocionar los productos de Amazon de forma ligeramente diferente, para aprovecharlos al máximo. (Nota: una limitación de Amazon Associates es que no puede ganar efectivo si no vive en el mismo país. En otras palabras, si tiene su sede en el Reino Unido, deberá enviar a sus clientes a Amazon Reino Unido Todavía puede realizar ventas a través de Amazon.com, pero solo podrá cobrar cupones a cambio.)

Otras opciones para vender productos físicos

Amazon, por supuesto, no es el principio y el fin cuando se trata de vender productos físicos.Existen innumerables tiendas físicas, así como muchos fabricantes que ofrecerán programas de afiliados directamente a los vendedores. Es posible que descubra que si se toma el tiempo de buscar otros productos, puede encontrar algo que sea mucho más directamente relevante para el tema de su sitio (y, por lo tanto, es más probable que se venda). Para encontrar estos programas de afiliados, solo intente escribir su nicho y luego "programa de afiliados" cuando busque en Google. También puede encontrar muchas listas en línea de los mejores programas de afiliados en cada industria. Otra opción es dirigirte a un fabricante o vendedor que no ofrece un programa de afiliados... y luego preguntarles si considerarían crear uno para ti. Si logra hacer esto con éxito, puede llegar a un acuerdo exclusivo y potencialmente obtener una gran comisión también. Por supuesto, para que esto funcione, debe poder demostrar que tiene el alcance y la influencia para que valga la pena.

Venta de servicios

Otra opción es intentar vender un servicio o un SAS (Software As a Service). ¡Esta opción es potencialmente la más lucrativa! La razón de esto es que muchos servicios le ofrecerán una comisión recurrente. Supongamos que logra que alguien se registre en un sitio web de apuestas. ¡Algunos sitios de apuestas ofrecerán una comisión sobre todas las ganancias de ese cliente durante toda su vida con la marca! Del mismo modo, si puede convencer a alguien para que se registre con una cuenta de alojamiento o para que se una a un servicio recurrente, a menudo encontrará que se le ofrece una comisión que se le paga cada mes que permanece con esa empresa de alojamiento. Por supuesto, esto podría comenzar como una pequeña cantidad de comisión. PERO puede sumar una gran cantidad de tiempo. En unos pocos años, es posible que tenga cientos o incluso miles de conversiones, que luego le generarán ingresos recurrentes, ¡incluso si su sitio cerrara!

CAPÍTULO 3: CÓMO ELEGIR SABIAMENTE PRODUCTOS DE AFILIADOS

Si bien el marketing de afiliados es una manera increíblemente simple y efectiva de ganar dinero en línea, no es completamente infalible. Es decir, si elige el producto equivocado o lo comercializa de manera incorrecta, es posible que no vea el tipo de éxito inmediato que esperaba. Gran parte de su éxito dependerá de su capacidad para elegir el producto adecuado. Esto es lo que necesita saber.

Lo que no se debe vender

La mayoría de las personas, cuando eligen un producto para vender, cargan su red de afiliados preferida (ClickBank, JVZoo, WSOPro) y luego buscan los artículos que tienen la mayor cantidad de ventas y la mejor comisión. Este es un buen movimiento porque esas cifras sugieren que otras personas están ganando mucho dinero y tú también deberías poder hacerlo. De hecho, ¡puedes literalmente 'copiar y pegar' su modelo de negocio! Pero si eso es todo lo que estás haciendo, entonces estás cometiendo un error. El 99% de los productos en la parte superior de la lista estarán relacionados con las mismas cosas: ganar dinero en línea, citas o fitness. Si comienza a promocionar uno de esos libros, ahora está compitiendo con todas las demás personas que venden el mismo libro y todas las personas que venden libros similares. La mayoría de las personas que han usado Internet durante más de un día ya están hartas de que les vendan 'programas para ganar dinero desde casa'. Además, estos son los nichos más competitivos en la web. Si aún no tiene un sitio web o una lista de correo de gran éxito, entonces será casi imposible llegar al puesto número uno en Google para 'Ganar dinero en línea eBook' o 'Desarrollar músculo'. Te estás preparando para fallar.

Estrategias alternativas

En su lugar, considere elegir algo en un nicho más pequeño. Supongamos que encuentra un libro electrónico dirigido a una industria o trabajo específico, tal vez algo que le diga a la gente cómo ganar dinero con los arreglos florales. Parece menos emocionante y la audiencia es más pequeña, pero su producto ahora es único. Lo que es más, es que puede llegar fácilmente a esos arreglos florales publicando en algunos blogs de flores. Y probablemente pueda llevar su página de ventas a la parte superior de Google para 'eBook de arreglos florales' mucho más fácilmente. También tiene una USP clara, lo que hace que sea muy fácil de vender. Mejor aún, sin embargo, es mirar las rutas al mercado que ya tiene. ¿Qué contactos puedes aprovechar? ¿Dónde puedes llegar a mucha gente? ¿Qué les interesa a esas personas? Piense en cómo venderá el producto y dónde llegará a su grupo demográfico objetivo antes de elegir el producto. Así es como triunfas y es una estrategia que puedes repetir una y otra vez. Si ya tiene un sitio web exitoso con una gran audiencia, entonces, por supuesto, tiene sentido que elija un producto que atraiga a esa audiencia.

Múltiples Productos

Recuerda también que tienes la opción de vender muchos productos. Esta es otra de las grandes ventajas de vender productos digitales: ¡puede agregar o eliminar productos rápidamente de su sitio sin necesidad de pasar días escribiendo y formateando! Hay pros y contras de vender varios productos. Vender múltiples productos es excelente si tiene un sitio grande y está utilizando técnicas de venta blanda (vea el próximo capítulo). Esto también le permite ofrecer una gama de precios para diferentes tipos de clientes. Dicho esto, centrarse en un producto a la vez le permitirá crear más expectación y entusiasmo en torno a ese producto específico, y crear un sitio web más optimizado que dirija a todos los clientes a una sola página: la página de compra.

Elección de productos físicos

La elección de productos físicos es un proceso ligeramente diferente. Nuevamente, la estrategia aquí debe ser elegir cosas que sean relevantes para su contenido y para el lector típico de su sitio web. Al mismo tiempo, también deben ser artículos de buena calidad y que satisfagan una necesidad real. La buena noticia es que no hay razón para hacer una gran inversión inicial y correr el riesgo de comprar muchos artículos al por mayor. ¡No vas a ver una situación en la que tienes un almacén lleno de fidget spinners! Eso significa que puede seguir las tendencias y, en general, tirar todo a la pared para ver qué se pega. Sin embargo, recomiendo que tenga una gama de diferentes productos a diferentes precios, para atender a todo tipo de comprador. PERO también recuerda que haces una comisión sobre cualquier cosa que se compre después de que el usuario visite Amazon. Eso significa que la principal prioridad debe ser hacer que la persona haga clic en el enlace y visite la página, ¡quizás más que vender ese artículo específico! *** Consígase un servidor web y cree su sitio. Crea una página nueva y coloca la copia de la página de ventas que obtuviste allí, junto con tu enlace de afiliado. ¡Ahora tiene todo en su lugar para comenzar a vender y comenzar a obtener ganancias! Echaremos un vistazo a este próximo paso en el siguiente capítulo.

CAPÍTULO 4: CONSTRUIR UNA AUDIENCIA Y COMERCIALIZAR LOS PRODUCTOS

La clave del éxito cuando se trata de vender productos de afiliados es primero construir una audiencia. Este es el "trampa" (en la medida en que haya una), ya que significa que realmente necesita dedicar algo de tiempo y trabajo para lograr las mayores ventas. La buena noticia es que si eliges un tema que te parece interesante, básicamente ganarás grandes cantidades de dinero por hacer algo que disfrutas. Pero para llegar a este punto, primero debe crear esa audiencia y ganarse su confianza como persona influyente. ¿Hay otras formas de vender productos de afiliados? ¡Por supuesto! Y también los exploraremos en este capítulo. PERO aún así recomiendo encarecidamente que construyas esa audiencia y te asegures de que la gente esté interesada en tu marca.

Cómo crear una marca que venda

Ganar este tipo de influencia, por supuesto, no es fácil. Para llegar al punto en que la gente compre cosas solo porque usted las recomienda, significa dedicar mucho tiempo y hacer un intento honesto de proporcionar un valor real a lo largo del tiempo. Esto comienza con la creación de un sitio web junto con una fuerte presencia en las redes sociales. No intente vender de inmediato, sino que dedique tiempo a desarrollar esa confianza y lealtad a través de una campaña de entrega constante de contenido de excelente calidad. ¿La cosa más importante? Tenga una marca clara y fuerte, con una gran declaración de misión y una "persona compradora" concreta. (El personaje del comprador es el retrato de su "cliente ideal"). El mayor error que se puede cometer es intentar crear un sitio web muy general con el mayor atractivo posible. Al igual que con el producto digital que compras en primer lugar, esta puede ser una estrategia equivocada. La razón de esto es que cuando te vuelves extremadamente amplio, necesariamente también creas una marca que es aburrida y poco interesante. Un sitio web de "fitness", por ejemplo, es demasiado genérico y está demasiado hecho para ser popular. Significa competir prácticamente con todo Internet. ¿Cómo se destacan en un mercado tan saturado? En su lugar, considere tener un sitio web que trate sobre el estado físico para mayores de 40 años. O qué tal Paleo Fitness. O CrossFit. O Fitness al aire libre. O

Culturismo Hardcore. Todas estas opciones tienen un público objetivo mucho más claro, una declaración de misión mucho más clara y un gancho más interesante. Cada uno de ellos atraerá a menos personas, pero las personas a las que atraigan tendrán MUCHO más probabilidades de participar y estar entusiasmadas de que haya algo disponible específicamente para ellas. La marca debe entonces nacer de este objetivo claro y apasionado. Eso significa que cuando alguien mira su logotipo o el diseño de su sitio web, debe saber al instante si le gustará o no. Su marca debe comunicar claramente para quién es y de qué se trata: y su contenido debe respaldar esto. El sitio de culturismo hardcore probablemente será rojo y negro con muchas imágenes oscuras de tipos extremadamente fuertes y artículos sobre "aumentar la testosterona con levantamientos compuestos". Mientras tanto, el sitio de fitness paleo probablemente será verde y blanco con imágenes de personas corriendo al aire libre en la naturaleza. A partir de aquí, toda tu publicidad, todas tus publicaciones sociales y TODO debe ser congruente con esta imagen. Y luego, cuando elija su producto de afiliado, lo ideal es que se dirija exactamente a esa misma audiencia. Y lo comercializará de esa manera y lo venderá con esa propuesta de valor. Lo que TAMBIÉN es crucial es que proporcione contenido único y nuevo que demuestre experiencia real. Aquí hay una sorpresa: si contrata a un escritor que no conoce el tema, NUNCA venderá el producto afiliado. ¿Por qué? Porque todo lo que PUEDE hacer un escritor contratado es investigar el tema y regurgitarlo con sus propias palabras. Eso significa que ninguno de los contenidos será nuevo o perspicaz, y bien podría estar desactualizado o ser incorrecto (porque no conocerán el tema lo suficientemente bien como para identificar cuándo este es el caso). Debes escribir tú mismo o encontrar un escritor que esté genuinamente apasionado por el tema. ¿Por qué? ¡Porque entonces tendrán algo NUEVO y emocionante que decir! Así es como te conviertes en un líder de opinión y logras que la gente escuche y se inscriba: porque quieren una nueva perspectiva. Sé audaz. Sé diferente. Se apasionado. Luego elija un producto que se dirija a la misma audiencia. ¿No tienes tiempo para eso? No se preocupe, también hay otras opciones que se enumeran a continuación.

Colocando su enlace

Como comercializador afiliado, vender no podría ser más fácil. Se le proporciona un enlace, que es un enlace para promocionar un producto y luego puede realizar ventas y dinero en efectivo desde cualquier lugar donde coloque ese enlace. Así que la pregunta es: ¿dónde lo pones? La mayoría de nosotros colocaremos nuestro enlace en una página de destino/página de ventas, pero esta es solo una opción. En esta sección, veremos cómo funciona, así como varias opciones más.

Crear una página de ventas

Una página de ventas es una página en un sitio web que ha sido diseñada específicamente con el propósito de vender algo. Eso significa que no proporcionará ningún otro contenido (ningún artículo) y probablemente tampoco otros enlaces o incluso anuncios. No quiere nada aquí que pueda distraer a la gente del producto que está vendiendo. El diseño de una página de ventas normalmente será muy largo y estrecho, lo que a su vez alentará a los lectores a seguir desplazándose y, por lo tanto, a invertir más tiempo en el proceso de leer lo que tiene que decir. ¡Esto hace que sea mucho más difícil para ellos irse sin comprar, ya que sentirán que han perdido el tiempo! Sin embargo, lo más importante es la escritura. Escriba su argumento de venta correctamente, y puede tomar esta audiencia cautiva y convertirlos en compradores ansiosos. La escritura persuasiva es una herramienta increíblemente poderosa que puede convertirte en un Jedi del marketing. Estos no son los drones que está buscando... En última instancia, si sabe cómo usar palabras para persuadir a una audiencia, entonces será mucho más efectivo para hacer ventas, hacer que las personas se suscriban a su lista y, en general, para lograr cualquier objetivo que desee. estás buscando. Entonces, ¿cómo haces para aprender este superpoder? Estos son algunos consejos que le ayudarán... • Capte la atención: las personas tienen prisa y no quieren leer grandes cantidades de texto. Si desea persuadir a su audiencia, primero debe hacer que lean lo que tiene que decir. ¿Cómo haces esto? Un método es abrir con una declaración en negrita. Otra es captar la atención mediante el uso de una estructura narrativa. ¡Este último funciona particularmente bien ya que, naturalmente, nos resulta muy difícil alejarnos de una historia sin llegar al final! • Apelar a hechos y cifras: las personas no siempre están dispuestas a confiar en usted; después de todo, ¡nunca lo han conocido y saben que quiere venderles! En su lugar, deja que los números hablen por ti. Cuantas más cifras pueda citar y más autoridades pueda hacer referencia, más persuasivo será su argumento. • Anticípate: trata de anticiparte a las preocupaciones que tendrán tus lectores y luego combátelas de inmediato. Por ejemplo, puede mencionar que hay "muchas ofertas increíbles en línea", pero señalar que no se trata de "una estafa más". • Mitigar el riesgo: las personas tienden naturalmente a la 'aversión a las pérdidas'. Esto significa que están más dispuestos a aferrarse a lo que tienen que a ganar algo nuevo. Debe eliminar cualquier factor de riesgo ofreciendo garantías de devolución

de dinero y pruebas gratuitas. Lo más importante: comprender la propuesta de valor. Este es el valor emocional de tu producto: la forma en que lo prometes puede cambiar la vida de tus lectores. Por ejemplo, si está vendiendo un libro electrónico sobre fitness, entonces debe tener en cuenta que en realidad no está vendiendo un libro electrónico sobre fitness. Lo que realmente estás vendiendo es la sensación de tener energía ilimitada, abdominales marcados y toneladas de confianza. ¡Tienes que concentrarte en eso! Habla al corazón e intenta que el lector sienta algo, idealmente emoción por comprar tu producto. Recuerde: muchos productos digitales vendrán con páginas de ventas listas para usar como esta, lo que significa que simplemente puede levantar el script al por mayor para usarlo en su propia página. Con su página de ventas, ahora simplemente necesita dirigir a su audiencia hacia esa página para comenzar a generar conversiones. Esto se puede hacer a través de correos electrónicos y promocionando su producto en sus redes sociales.
Incluso puede incluir anuncios del producto en la barra lateral de su sitio y en otros lugares.

Creación de una tienda

Si está vendiendo varios productos de afiliados (que también es una muy buena estrategia), puede crear una tienda para venderlos. Eso significa que destacará y promocionará productos que son relevantes para su marca como lo haría en una tienda de comercio electrónico. La única diferencia real es que cuando el comprador haga clic en su artículo, ahora será llevado a una página externa. Esto es fácil de hacer: por ejemplo, puede hacerlo utilizando el complemento de comercio electrónico compatible con WordPress llamado WooCommerce. Esto le permitirá crear una tienda desde su sitio donde las personas pueden ver artículos. Admite contenido de afiliados, lo que significa que si alguien hace clic en un elemento, será llevado a la nueva página utilizando su enlace de referencia.

Más formas de vender

Pero, ¿qué hay de incrustar enlaces en el cuerpo de sus artículos? Esto es algo que muy pocos afiliados aprovechan, pero es una excelente manera de monetizar un sitio web o blog. Simplemente escriba sobre cualquier tema que le interese cubrir y luego inserte un enlace de afiliado en el texto. De esta manera, puede promocionar el producto sutilmente y cualquiera que esté interesado en su contenido podría hacer clic en él. Es como agregar AdSense a su página, excepto que gana mucha más comisión y puede animar activamente a las personas a hacer clic en el enlace. ¡Incluso puedes ser honesto sobre el hecho de que te hace ganar dinero! De hecho, la ley en muchas partes del mundo es que debe negar que está ganando dinero con esos productos. Puede hacerlo fácilmente usando un complemento que agrega un mensaje al final de cada página de su sitio, ¡pero no lo olvide! Uno de los mejores tipos de contenido para vender productos de afiliados es la lista de los diez mejores. Puede hacer un artículo de cuenta regresiva que enumere los mejores equipos de gimnasio en casa si está en la industria del fitness, o puede crear un artículo compartiendo las computadoras portátiles más potentes del mercado si escribe sobre tecnología. Hagas lo que hagas, esto es perfecto para generar clics y dinero, y también se presta perfectamente para fragmentos enriquecidos, que realmente pueden ayudar a que tu contenido se destaque en las SERP (páginas de resultados del motor de búsqueda). Del mismo modo, no hay nada que le impida colocar un enlace de afiliado en el cuerpo de un correo electrónico. Esta es una excelente manera de llegar a las personas directamente en su bandeja de entrada en un momento en que pueden ser receptivos a sus ofertas. Los enlaces de afiliados también pueden ir en libros electrónicos. Si está vendiendo un producto digital o regalando uno gratis, puede agregar enlaces a su PDF. Es probable que las personas que lean esto estén muy comprometidas con su marca y, por lo tanto, es probable que compren lo que recomienda. Estos son clientes potenciales calificados y eso lo convierte en el lugar perfecto para tratar de vender artículos de mayor valor. Imagínese vender un producto digital por $ 20 cada uno y luego ganar mucho MÁS dinero de todas las personas que leen el libro y siguen sus consejos. ¿O qué tal poner un enlace de afiliado en un volante o folleto físico? La mejor manera de usar esto es usar una URL más memorable y simple y luego hacer que se redirija a su enlace de afiliado. ¡De esa manera usted puede anunciar su producto en persona! El objetivo de estas sugerencias es, en parte, demostrar que no siempre tiene que estar vendiendo activamente el producto: puede probar la venta suave simplemente agregando el enlace, tal vez con una imagen. Esto funciona especialmente bien para productos físicos (especialmente si usa un botón bien diseñado y el elemento está relacionado activamente con el contenido de la página). Si tiene un sitio popular con muchos espectadores y mucho contenido, simplemente entretejiendo enlaces de compra de esta manera puede generar muchas ventas ... ¡y todas se suman! Hay muchas más formas de usar los enlaces de afiliados, solo tienes que ser creativo. ¡Experimente y pruebe cosas diferentes y se sorprenderá de lo que funciona mejor para usted y su producto!

Publicidad PPC y otro marketing

Pero, ¿qué pasa si no tienes una audiencia? ¿Qué pasa si no eres un influencer que se ha ganado la confianza de tus lectores? En este caso, deberá encontrar formas de enviar visitantes a su página de ventas directamente. La buena noticia es que puede hacerlo fácilmente a través de plataformas PPC (pago por clic) como Facebook y AdWords. PPC significa que solo paga cuando alguien hace clic en su anuncio. Usted decide cuál será su gasto máximo "por clic" y cuál será el punto de corte de su presupuesto también. Si establece un gasto por clic demasiado bajo, su anuncio no se mostrará cuando haya muchos anuncios de la competencia de otras marcas en el mismo nicho. Si lo establece demasiado alto, es probable que no obtenga ganancias. Al colocar anuncios en Facebook, podrá orientar a quién se muestran en función de la información que los usuarios comparten con el sitio social. Estos incluyen: • Edad • Sexo • Ubicación • Pasatiempos e intereses • Título del trabajo • Rango de ingresos • Intereses de otros ¡Y más! Al colocar anuncios en Google a través de AdWords, el objetivo es considerar no solo los intereses de la persona (en función de lo que está buscando, las "palabras clave"), sino también la intención de esa persona. La intención es una consideración importante para PPC, porque te dice si alguien está investigando o buscando comprar. Si están investigando, podrían buscar "los mejores juegos de computadora de este año". Si están buscando comprar, pueden buscar el nombre del juego de computadora o "juegos de computadora baratos". También puede usar "palabras clave negativas" para descartar frases que podrían sugerir que alguien no está interesado en comprar y, por lo tanto, tiene la intención equivocada (como "descarga gratuita"). El objetivo de PPC es garantizar que las personas SÓLO hagan clic en el enlace si es probable que le compren. Esto reduce la cantidad que gasta, al tiempo que aumenta la ganancia potencial. Eso significa que los anuncios deben estar tan "dirigidos" a la persona correcta como sea posible, incluso hasta el punto de asustar a las personas que probablemente no querrán comprar usando el texto correcto. Por supuesto, el enlace debe dirigir a las personas a una página de ventas para maximizar sus ganancias. A continuación, debe centrarse en la tasa de conversión de su sitio. En otras palabras, si su página de destino está bien escrita, entonces podría convertir el 1% de los visitantes (lo que significa que el 1% de los visitantes le compran). Cuanto más alto obtenga este número, más podrá permitirse gastar en su publicidad sin dejar de obtener ganancias.

Venta directa a través de Facebook y otras plataformas

Por supuesto, también tiene la opción de vender directamente a través de esas otras plataformas. No hay nada que le impida compartir un enlace de afiliado a su grupo de Facebook o a su Instagram (en su biografía, o una vez que pueda agregar la función de deslizar hacia arriba en las historias). Esta es una forma útil de crear una audiencia comprometida si no tiene las habilidades o el tiempo para crear un sitio web.

CAPÍTULO 5: HERRAMIENTAS Y ESTRATEGIAS PODEROSAS Y MODERNAS

La venta de una combinación de diferentes productos, incluidos los digitales, los servicios y los físicos, es mucho más poderosa porque combina los tipos de ventas masivas que puede realizar al generar una audiencia leal con el VOLUMEN que proviene del cambio. Muchos productos físicos. Y aquí hay algo más que debe tener en cuenta: tener una cartera tan diversa de productos de afiliados para vender en su sitio significa que tiene la opción de agregar cosas que son ventas "por el cielo". ¿Un ejemplo? ¡Una vez vendí un MBA a través de un enlace de afiliado! Esto fue a través de EDx, que es un programa de afiliados potencialmente muy rentable, aunque también es un ejemplo de uno en el que debe registrarse. ¿El reto? ¡Administrar y hacer malabarismos con todos esos elementos diferentes! Es por eso que las marcas grandes y serias utilizarán herramientas que agilicen este proceso y les den acceso a algunos de los programas de afiliados más lucrativos de la web.

Herramientas cruciales para llevar el marketing de afiliados al siguiente nivel

Una de estas herramientas es Genius Link. A través de Genius (https://www.geni.us/), puede adjuntar varias cuentas diferentes y luego agregar sus programas de afiliados. Esto funciona particularmente bien con Amazon, ya que le permite agregar cuentas con cada una de las diferentes versiones locales de Amazon. Cada enlace enviará al usuario a la versión correcta de Amazon según su ubicación, lo que significa que no debe preocuparse por perder clientes. Sin embargo, también puede agregar una serie de otros programas, como Barnes & Noble, BestBuy e iTunes. Desde aquí, puede generar un enlace desde Amazon tan fácilmente como tomar la URL de la página de ventas y luego pegarla en un cuadro. Si tiene el complemento de Chrome, ¡puede simplemente hacer clic en ese botón allí mismo cuando su navegador apunta a la página! Una opción similar es algo llamado Trackonomics (https://www.trackonomics.net). Esta herramienta funciona de manera similar, pero le permite agregar elementos de una lista de afiliados MUCHO más grande. Eso incluye los gustos del mencionado EDx. Mejor aún, Trackonomics puede permitirle buscar productos en una amplia gama de cuentas de afiliados diferentes y luego usar la opción que genera la mayor cantidad de efectivo. En otras palabras, si está vendiendo un teléfono inteligente, ahora puede comparar la comisión de ese teléfono inteligente si lo vendiera en Amazon, con la comisión si lo vendiera directamente del fabricante. ¡En comparación con Best Buy, en comparación con cualquier otra opción disponible! Ambas herramientas también le permiten realizar un seguimiento de los clics y las compras, para identificar cuál de sus enlaces es el más popular, identificar cuándo un enlace está caído o ver cuánto ha ganado en un período de tiempo determinado. ¿El único inconveniente? Trackonomics cuesta ENORMES $ 500 por mes. Sin embargo, hay una prueba gratuita. Mientras tanto, Genius Link es gratis.

Más herramientas

Estas herramientas lo ayudarán a llevar sus ganancias de afiliado a otro nivel, pero también hay muchas más opciones para aquellos que desean crear un embudo y un modelo comercial más optimizado. Por ejemplo, es casi esencial usar Google Analytics para rastrear el éxito de su sitio web y páginas individuales. Puede ver cómo se clasifica para diferentes términos, optimizar esos términos y luego ver cómo esas páginas conducen a la página de ventas y qué rutas ganan la mayor comisión. Del mismo modo, el uso de herramientas que le permitan realizar pruebas A/B en su página de destino también puede ayudarlo a mejorarla hasta el punto de aumentar enormemente las conversiones.

CONCLUSIÓN

Entonces, ahí lo tiene: todo lo que necesita saber para construir un negocio de marketing de afiliación de gran éxito. Depende de usted mantener las cosas simples o apuntar a las estrellas, pero le recomiendo que siga los consejos de este libro e intente vender productos reales que tengan un gran atractivo y precios masivos, así como los libros electrónicos y cursos digitales tradicionales. El proceso clásico para vender productos de afiliados es simple: • Encuentre un producto digital y obtenga un enlace de afiliado • Cree una página de ventas • Coloque un enlace en la página de ventas • Envíe tráfico a la página de ventas tanto desde su propio sitio web como a través de marketing • Espere hasta que el producto deja de vender, luego enjuaga y repite. Te recomiendo que modifiques ligeramente este modelo para ganar más dinero y construir un modelo comercial más resistente a largo plazo. Aquí está la nueva estrategia: • Cree un sitio web y construya una audiencia que confíe en usted y disfrute de lo que hace o Haga esto generando contenido genuinamente único y apasionado con una marca visual fuerte y una declaración de misión • Encuentre algunos productos y servicios de afiliados importantes y cree páginas de ventas para ellos, luego “láncelos” desde su sitio usando correos electrónicos masivos y teasers para crear publicidad o Encuentre los productos que tienen más éxito y luego envíe más visitantes aquí a través de publicidad paga • Mientras tanto, venda la mayor cantidad posible de productos digitales más pequeños, Productos y servicios físicos de Amazon, a través de artículos y sitios web que promocionas usando SEO Hagas lo que hagas, ahora puedes disfrutar ganando dinero mientras duermes, ¡y cuanto más experimentes, más eficiente será tu técnica de ventas!

www.ingramcontent.com/pod-product-compliance
Lightning Source LLC
LaVergne TN
LVHW052115160826
845678LV00015B/3569

* 9 7 9 8 3 5 1 9 5 7 1 2 8 *